Família
O NOSSO GRANDE TESOURO

Coleção **ENCONTROS DA IGREJA DOMÉSTICA**

- *Família, o nosso grande tesouro: roteiros para oração, reflexão e ação*, Cristovam Iubel
- *Pastoral do dízimo: formação para agentes e equipes paroquiais*, idem

CRISTOVAM IUBEL

Família
O NOSSO GRANDE TESOURO

Roteiros para oração, reflexão e ação

Coordenação de revisão: *Tiago José Risi Leme*
Editoração, impressão e acabamento: PAULUS
Capa: *Anderson Daniel de Oliveira*
Imagem de capa: *Istock*

Seja um leitor preferencial **PAULUS**.
Cadastre-se e receba informações sobre nossos lançamentos e nossas promoções: **paulus.com.br/cadastro**
Televendas: **(11) 3789-4000 / 0800 016 40 11**

1ª edição, 2016
3ª reimpressão, 2020

© PAULUS – 2016

Rua Francisco Cruz, 229 • 04117-091 – São Paulo (Brasil)
Tel.: (11) 5087-3700
paulus.com.br • editorial@paulus.com.br

ISBN 978-85-349-4439-7

APRESENTO-LHES
O NOSSO GRANDE TESOURO!

Família, o nosso grande tesouro, é o tema — um verdadeiro anúncio — que o presente livro traz à sua família e a todas as famílias do Brasil. Se descobrirmos o valor, o significado e a importância da família, vamos amá-la muito, transformando-a numa autêntica "Igreja doméstica" e numa "escola de virtudes", onde pais e filhos encontram realização e vida pela convivência, pela doação, pela renúncia e pelo amor incondicional. Desejo à sua família, e às demais que realizarão esta reflexão, que se tornem semelhantes à Sagrada Família de Nazaré.

DICAS PARA A REALIZAÇÃO DOS ENCONTROS

1. Reúna algumas famílias e, no primeiro encontro, combine com elas quando e onde se realizarão os próximos.
2. Prepare os encontros, prevendo quem serão os leitores; se possível, dê preferência às pessoas da casa onde o encontro se realizará.
3. Providencie livros para todos, facilitando assim a participação e tornando os encontros mais proveitosos.
4. Cuide para que o ambiente onde os encontros se realizarão seja preparado e tenha lugar para todos sentarem. Prepare um pequeno altar, se possível, com uma imagem da Sagrada Família, uma Bíblia e acenda uma vela.
5. Convide todas as famílias, inclusive aquelas que não participam das celebrações. Não exclua ninguém!
6. Ensaie os cantos. Confira as sugestões no final deste livro ou escolha outros cantos de sua preferência.

ORAÇÃO

DE ABERTURA DOS ENCONTROS

ENSINAI-NOS, SENHOR!

(T) > **Em nome do Pai, e do Filho, e do Espírito Santo. Amém!**

(A) > Deus deu origem ao homem e à mulher.

(T) > **Senhor, ensinai-nos que a família nasceu do vosso amor infinito.**

(A) > Homem e mulher se tornam uma só carne.

(T) > **Senhor, ensinai-nos que a família é por vós unida e abençoada.**

(A) > O matrimônio é um sacramento.

(T) > **Senhor, ensinai-nos que a família é compromisso para toda a vida.**

(A) > Esposo e esposa vivem na fidelidade.

(T) > **Senhor, ensinai-nos que a família se fundamenta na doação.**

(A) > Onde há amor, há vida.

(T) > **Senhor, ensinai-nos que a família está plenamente aberta à vida.**

(A) > Pai e mãe, filhos e filhas.

(T) > **Senhor, ensinai-nos que a família é espaço de convivência amorosa.**

(A) > Quem convive e ama, perdoa.

(T) > **Senhor, ensinai-nos que a família é lugar de amar e ser amado.**

(A) > O diálogo gera fraternidade.

(T) > **Senhor, ensinai-nos que a família amadurece pelo relacionamento diário.**

A ▸ A oração une pais e filhos.

T ▸ **Senhor, ensinai-nos que a família que reza unida permanece unida.**

A ▸ Pelas famílias, louvemos à Santíssima Trindade:

T ▸ **Glória ao Pai, e ao Filho, e ao Espírito Santo. Como era no princípio, agora e sempre. Amém.**

ORAÇÃO

DE CONCLUSÃO DOS ENCONTROS

ENSINAI-NOS, SENHOR!

(A) ▸ As nossas famílias.
(T) ▸ **Abençoai-as, Senhor!**
(A) ▸ As famílias sofredoras.
(T) ▸ **Abençoai-as, Senhor!**
(A) ▸ As famílias divididas.
(T) ▸ **Abençoai-as, Senhor!**
(A) ▸ As famílias marginalizadas.
(T) ▸ **Abençoai-as, Senhor!**
(A) ▸ As famílias enlutadas.
(T) ▸ **Abençoai-as, Senhor!**
(A) ▸ As famílias realizadas.
(T) ▸ **Abençoai-as, Senhor!**
(A) ▸ As famílias unidas.
(T) ▸ **Abençoai-as, Senhor!**
(A) ▸ As famílias empobrecidas.
(T) ▸ **Abençoai-as, Senhor!**
(A) ▸ As famílias desajustadas.
(T) ▸ **Abençoai-as, Senhor!**
(A) ▸ As famílias entristecidas.
(T) ▸ **Abençoai-as, Senhor!**
(A) ▸ As famílias felizes.
(T) ▸ **Abençoai-as, Senhor!**

(A) ▸ As famílias cansadas.

(T) ▸ **Abençoai-as, Senhor!**

(A) ▸ As famílias abatidas.

(T) ▸ **Abençoai-as, Senhor!**

(A) ▸ As famílias acolhedoras.

(T) ▸ **Abençoai-as, Senhor!**

(A) ▸ As famílias de todo o mundo.

(T) ▸ **Abençoai-as, Senhor!**

- Pode-se acrescentar outros pedidos.
- Em seguida, estendendo uma das mãos em direção à família da casa na qual se celebra o encontro, todos rezam:

(T) ▸ **Senhor, / abençoai esta família, / esta casa, / os pais e os filhos, / e as pessoas que aqui residem / ou que a visitam. / Que tenham o amor e a paz, / o trabalho e o pão, / o perdão e a alegria. / Sejam protegidos de todo o mal, / e amparados pela vossa graça, / hoje e sempre. / Amém.**

- Se possível, asperge-se água benta sobre as pessoas e nos cômodos da casa, enquanto se canta (canto à escolha).

LOCAL: ....
DIA E HORÁRIO: ....

1º ROTEIRO

O AMOR HUMANO ENCONTRA SUA PLENITUDE NO AMOR DIVINO

• Acolhida do animador • Canto à escolha • Oração, p. 7

FAMÍLIA, LUGAR DE AMOR

A ▸ O amor dá sentido e significado à vida. Não amar é não viver. Uma existência com amor tem força e supera até mesmo as maiores dificuldades, enquanto que uma vida sem amor é uma contínua e desgastante jornada que leva à solidão e à frustração.

T ▸ *"A pessoa nasce e afirma-se na sua singularidade no ato de amar, vivido como doação sincera de si para o bem e para a felicidade do outro"* (SCVF II, 3. 4).

L1 ▸ Todos os setores da vida humana, do mais pessoal e íntimo ao mais comunitário e social, clamam por amor. As nossas realizações, por maiores que sejam, são incompletas se não estiverem fundamentadas na sólida base do amar e ser amado.

T ▸ *"A pessoa humana não pode viver sem amor. Ela permanece para si própria um ser incompreensível e a sua vida é destituída de sentido se não for revelado o amor, se ela não se encontra com o amor, se não o experimenta e se não o torna algo próprio, se nele não participa vivamente"* (RH 10; FC 18).

L2 ▸ Amamos a Deus, amamos ao outro, amamos a nós mesmos. A Deus, amamos adorando-o; a nós mesmos, amamos respeitando-nos; ao próximo, amamos doando-nos. O amor faz-se carinho, serviço, solidariedade, perdão, cuidado, respeito, compreensão, diálogo, partilha e renúncia.

- **T** ▸ *"Falamos de um amor fundado não somente na inclinação dos sentidos, que em breve se desvanece, nem também, só nas palavras afetuosas, mas no íntimo afeto da alma, manifesto ainda exteriormente, porque o amor prova-se com obras"* (CC 23).
- **L3** ▸ O amor entre o homem e a mulher tem sua origem no amor incondicional de Deus pela humanidade. O casal transporta para o dia a dia o amor que recebe de Deus sem cessar.
- **T** ▸ *"Assumir e viver o matrimônio significa assumir o compromisso de amar como Deus ama: um amor que nunca se acaba e sustenta a fidelidade e o compromisso de gerar a vida dos filhos com responsabilidade, educando-os para a experiência da fé"* (SCVF IV, 5).
- **A** ▸ A família, ao viver o amor, testemunha para outras famílias que ele não só é possível, mas indispensável. Vivido em casa, o amor a extrapola, chegando a todas as pessoas.
- **T** ▸ Pais e filhos *"não só recebem o amor de Cristo, tornando-se comunidade salva, mas também são chamados a transmitir a todos o mesmo amor de Cristo, tornando-se assim comunidade salvadora"* (FC 49).
- Canto (à escolha).

Partilhe sua experiência

Quais foram os momentos de sua vida em que você fez as experiências mais fortes de amar e/ou ser amado por sua família?

Deus vai falar! Vamos escutar!

- Canto (à escolha) de acolhida da Palavra.
- O Leitor 1 proclama o texto da primeira carta aos Coríntios 13,1-13.

Os Bispos do Brasil afirmam...

L2 ▸ ... que "o autêntico amor conjugal tem sua fonte em Deus, que é Amor. O amor que une o casal católico não depende apenas de seu compromisso e dos seus esforços. A graça de Deus está presente de modo eficaz, e não apenas simbólico, na celebração litúrgica e na experiência do dia a dia da família, sustentando, em meio a tantos desafios, o compromisso de amor e fidelidade" (SCVF IV, 5).

Conversando a gente se entende

1. Qual é a importância de amar e ser amado?
2. Como o amor de Deus se realiza no amor familiar?
3. Que benefícios tem a família quando o amor entre pais e filhos é de fato real e não meramente aparente?

Corações ao alto!

- Preces espontâneas. Depois de cada uma, todos rezam: **Senhor, ensinai-nos a amar e a ser amados.**

Conclusão

- *Comunicados*
- *Oração e bênção, p. 9*
- *Confraternização e despedida*

2º ROTEIRO

LOCAL: ....

DIA E HORÁRIO: ....

UM HOMEM E UMA MULHER UNIDOS EM CASAMENTO FORMAM COM SEUS FILHOS UMA FAMÍLIA

• Acolhida do animador • Canto à escolha • Oração, p. 7

FAMÍLIA, LUGAR DE COMPROMISSO

(A) ▸ A família é formada pelo esposo, pela esposa, pelos filhos e por outras pessoas que porventura estiverem agregadas a ela, como avôs, tios, sogros e outros parentes. Esposo e esposa formam uma família, também enquanto filhos.

(T) ▸ *A família "é uma aliança de pessoas à qual se chega por vocação amorosa do Pai, que convida os esposos a uma íntima comunidade de vida e de amor cujo modelo é o amor de Cristo por sua Igreja"* (DP 582).

(L1) ▸ Homem e mulher são chamados a se unirem tendo Deus como fonte do amor que os faz assumir de forma responsável a convivência familiar. Essa união foi elevada à condição de sacramento por Jesus.

(T) ▸ *"Afirmar que o matrimônio é sacramento significa reconhecer que o amor que une homem e mulher no casamento tem seu sentido mais profundo em Deus, e não pode ser reduzido a um simples fato natural ou acontecimento social"* (SCVF IV, 5).

(L2) ▸ Ao se darem em casamento e receberem a bênção de Deus, homem e mulher se tornam esposo e esposa, constituem uma família. Com isso, o casal assume a unicidade, a unidade, a fidelidade e a indissolubilidade como compromissos essenciais, a serem mantidos e fortalecidos ao longo de toda a vida.

T ▸ O matrimônio é "o pacto de amor conjugal, escolha consciente e livre, com o qual o homem e a mulher recebem a comunidade íntima de vida e de amor, querida pelo próprio Deus, que só a esta luz manifesta o seu verdadeiro significado" (FC 11).

L3 ▸ A chamada "união estável entre pessoas do mesmo sexo" — aprovada no Brasil — não constitui família, já que esta se caracteriza pela união entre um homem e uma mulher e pelo ato sexual aberto à vida.

T ▸ "O matrimônio não foi instituído, na sua origem, pela vontade dos homens, mas pela autoridade de preceito de Deus, e com a lei absoluta de ser celebrado entre um só homem e uma só mulher" (ADS 27).

L1 ▸ Ao defender e promover a família, a Igreja nada mais faz do que ser fiel aos ensinamentos de Jesus, de quem ela é servidora.

T ▸ "No plano de Deus Criador e Redentor, a família descobre não só sua identidade, senão também sua missão: cuidar, revelar e comunicar o amor e a vida" (DSD 214).

A ▸ O sacramento do matrimônio, por ter origem divina, não pode ser descaracterizado nem banalizado. A Igreja o administra com seriedade e competência inspiradas pelo próprio Jesus.

T ▸ "A família cristã é uma comunhão de pessoas, vestígio e imagem da comunhão do Pai, do Filho e do Espírito Santo" (Cat. 2205).

- Canto (à escolha).

PARTILHE A SUA EXPERIÊNCIA

Quais foram as maiores e mais profundas alegrias que você viveu em família?

Deus vai falar! Vamos escutar!

- *Canto (à escolha) de acolhida da Palavra.*
- *O Leitor 2 proclama o evangelho de Marcos 10,1-9.*

Os Bispos do Brasil afirmam...

L3 ▸ ...que "tão grande é a importância da família, que toda a sociedade tem nela a sua base vital. Por isso, é possível fazer do mundo uma grande família. A diferença sexual é originária e não mero produto de uma opção cultural. O matrimônio natural entre o homem e a mulher bem como a família monogâmica constituem um princípio fundamental do Direito Natural. As Sagradas Escrituras, por sua vez, revelam que Deus criou o homem e a mulher à sua imagem e semelhança e os destinou a ser uma só carne" (Nota da CNBB, 11/05/2011).

Conversando a gente se entende

1. O que é a família? Como ela é constituída?
2. Por que a chamada "união estável entre pessoas do mesmo sexo" não pode ser chamada de família?
3. Quais são os principais compromissos assumidos pelo homem e pela mulher quando se casam?

Corações ao alto!

- *Preces espontâneas. Depois de cada uma, todos rezam: Senhor, ensinai-nos a valorizar a família.*

Conclusão

- *Comunicados*
- *Oração e bênção, p. 9*
- *Confraternização e despedida*

LOCAL: ....

DIA E HORÁRIO: ....

3º ROTEIRO

ESPOSO E ESPOSA SE DOAM DEFINITIVA E TOTALMENTE UM AO OUTRO

• Acolhida do animador • Canto à escolha • Oração, p. 7

FAMÍLIA, LUGAR DE DOAÇÃO

A ▸ A família é constituída por um homem e uma mulher, esposo e esposa, e por filhos e filhas (se os tiverem). A união entre homem e mulher se torna comunhão, tendo como modelo o "casamento" entre Jesus e sua Igreja.

T ▸ "O vínculo de amor do casal torna-se a imagem e o símbolo da Aliança que une Deus e o seu povo" (FC 12).

L1 ▸ O compromisso assumido entre o homem e a mulher é fonte de alegrias e de renúncias. Alegrias pela convivência e pela partilha mútua, e renúncias pela doação e pela entrega em favor do bem do outro.

T ▸ "O amor conjugal é a doação recíproca entre um homem e uma mulher, os esposos; é fiel e exclusivo até a morte, e fecundo, aberto à vida e à educação dos filhos, assemelhando-se ao amor fecundo da Santíssima Trindade" (DA 117).

L2 ▸ Ao se darem em casamento, o homem e a mulher se tornam "uma só carne", dois seres unidos de forma madura e responsável sob a bênção de Deus dada pela Igreja.

T ▸ O amor conjugal "é uma exclusiva, irrevogável e fecunda entrega à pessoa amada, sem perder a própria identidade" (DP 582).

L3 ▸ O casal faz da sua sexualidade um ato íntimo aberto ao dom da vida e que os une no amor, aprofundando-o. Homem e mulher se completam afetiva e sexualmente, fazendo do amor unitivo uma forma privilegiada de entrega mútua e de crescimento na comunhão física, emocional e espiritual.

T ▸ *A sexualidade "realiza-se de maneira verdadeiramente humana somente se é parte integral do amor com o qual homem e mulher se empenham totalmente um para com o outro até a morte"* (FC 11).

L1 ▸ Como consequência do compromisso matrimonial, esposo e esposa, livre e conscientemente, entregam-se um ao outro por amor. Esse amor realiza-se no dia a dia, nas diferentes realidades e circunstâncias da vida, inclusive na saúde e na doença, na alegria e na tristeza.

T ▸ *"A fidelidade, para os esposos, se torna às vezes difícil e exige sacrifício, mortificação e renúncia"* (FC 16).

A ▸ O casamento é fonte de muitas alegrias e realizações, mas também de sacrifícios, perdas e angústias. Porque nós, humanos, somos limitados e pecadores, a família está sujeita às dificuldades próprias da vida. Cabe aos esposos serem a base que faz dela uma instituição firme e permanente.

T ▸ *"Não é possível suprimir da vida familiar o sacrifício, mas antes se deve aceitá-lo com o coração, para que o amor conjugal se aprofunde e se torne fonte de alegria íntima"* (FC 34).

- Canto (à escolha).

PARTILHE A SUA EXPERIÊNCIA

Quais são as grandes realizações que o casamento trouxe até agora em sua vida?

DEUS VAI FALAR! VAMOS ESCUTAR!

- Canto (à escolha) de acolhida da Palavra.
- O Leitor 3 proclama o texto de Gênesis 1,26-31.

O CATECISMO DA IGREJA CATÓLICA DIZ...

L1 ▸ ...que "o casal de cônjuges forma 'uma íntima comunhão de vida e de amor que o Criador fundou e dotou com suas leis. Ela é instaurada pelo pacto conjugal, ou seja, o consentimento pessoal irrevogável'. Os dois se doam definitiva e totalmente um ao outro. Não são mais dois, mas formam doravante uma só carne. A aliança contraída livremente pelos esposos lhes impõe a obrigação de a manter una e indissolúvel".

T ▸ "'O que Deus uniu, o homem não separe' (Mc 10,9)" (Cat. 2364).

CONVERSANDO A GENTE SE ENTENDE

1. Quais são as maiores dificuldades que os casais enfrentam hoje para serem fiéis aos compromissos assumidos no casamento?
2. Por que a fidelidade deve estar presente na vida do casal tanto na alegria como na tristeza?
3. O que leva tantos casais a se separarem, às vezes depois de pouco tempo de casados?

CORAÇÕES AO ALTO!

- Preces espontâneas. Depois de cada uma, todos rezam: **Senhor, ensinai-nos a ser fiéis um ao outro e a Vós.**

CONCLUSÃO

- Comunicados
- Oração e bênção p. 9
- Confraternização e despedida

4º ROTEIRO

LOCAL: ....
DIA E HORÁRIO: ....

SÓ DEUS É O DONO DA VIDA, DO COMEÇO AO FIM

• Acolhida do animador • Canto à escolha • Oração, p. 7

FAMÍLIA, LUGAR DE VIDA

A ▸ A vida é um dom de Deus. Muitos tentaram criá-la do nada, mas sem sucesso. Ela existe porque Deus assim o quis ao interferir no processo evolutivo do qual Ele mesmo é a origem. Ao transbordar em seu amor, Deus deu início à vida, inclusive à vida inteligente, que, em todas as situações e circunstâncias, é sempre sagrada.

T ▸ "A vida é presente gratuito de Deus, dom e tarefa de que devemos cuidar desde a concepção, em todas as suas etapas, até a morte natural, sem relativismos" (DA 464).

L1 ▸ O momento do encontro entre o óvulo e o espermatozóide é o momento inicial da vida. A partir daí passa a existir um novo ser humano, com direito pleno à vida. Ninguém pode tirar dele o direito de existir, sejam quais forem os motivos apresentados, sem exceção.

T ▸ "Ao transmitir a vida a um filho, o amor conjugal produz uma pessoa nova, singular, única e irrepetível" (DP 584).

L2 ▸ Desde o momento da concepção, a vida deve ser cuidada, defendida, promovida. Ela é sagrada durante toda a sua existência. Todo atentado a ela fere a pessoa e fere a Deus. Os pais são chamados a participar da obra de Deus, seja quando concebem a vida, seja quando a protegem e promovem, respeitando-a em sua sacralidade.

T ▸ "A fecundidade é um dom, um fim do matrimônio, porque o amor conjugal tende naturalmente a ser fecundo" (Cat. 2366).

L3 ▸ A vida de toda pessoa e da pessoa toda é inviolável. A família é o lugar ideal e privilegiado para que ela se desenvolva, bem como o espaço insubstituível em que ela é valorizada. Cabe aos pais, enquanto primeiros catequistas de seus filhos, ensinar-lhes a zelar pelo dom da vida.

T ▸ *"A fecundidade do amor conjugal se estende aos frutos da vida moral, espiritual e sobrenatural, que os pais transmitem a seus filhos pela educação"* (Cat. 1653).

L1 ▸ Casais egoístas fecham-se à vida, endeusando a riqueza em prejuízo da família. A vida vale mais do que todos os bens do mundo; nada pode comprá-la, tamanha é a sua dignidade.

T ▸ *Há quem, "com a única preocupação de um aumento contínuo dos bens materiais, acabe por não chegar a compreender e, portanto, a rejeitar a riqueza espiritual de uma nova vida humana (FC 30).*

A ▸ Assim como a criança no ventre materno tem direito à vida, assim o ancião deve ser cuidado e respeitado em seus direitos. A eutanásia, tanto quanto o aborto, é uma ação criminosa em toda e qualquer situação.

T ▸ *"A Igreja crê firmemente que a vida humana, mesmo se débil e com sofrimento, é sempre um esplêndido dom do Deus da bondade"* (FC 30).

- Canto (à escolha)

Partilhe sua experiência

Qual foi a ocasião ou situação em que você deu mais valor à sua vida, ou à vida de outra pessoa? E como isso aconteceu?

Deus vai falar! Vamos escutar!

- Canto (à escolha) de acolhida da Palavra.
- O Leitor 1 proclama o texto do Evangelho escrito por Lucas (Lc 4,14-22).

Os Bispos da América Latina afirmam...

L2 ▸ ... que "a cada dia é maior o massacre do aborto, que produz milhões de vítimas em nossos povos. A mentalidade antivida, além da eutanásia pré-natal, leva à eliminação de crianças recém-nascidas e de anciãos e enfermos estimados como inúteis, defeituosos, ou como carga para a sociedade. Expressões da anticultura da morte são: a eutanásia, a guerra, a guerrilha, o sequestro, o terrorismo, o narcotráfico" (DSD 219).

Conversando a gente se entende

1. Por que a vida é sagrada desde o seu início até o seu fim natural?
2. Quais os grandes crimes contra a vida cometidos em nossos dias? Quem os comete e por quê?
3. Como nós podemos e devemos, em nossas famílias, defender e promover a vida?

Corações ao alto!

- *Preces espontâneas. Depois de cada uma, todos rezam:*
Senhor, ensinai-nos a promover o dom da vida.

Conclusão

- *Comunicados*
- *Oração e bênção, p. 9*
- *Confraternização e despedida*

LOCAL: ....

DIA E HORÁRIO: ....

5º

ROTEIRO

A VIDA EM FAMÍLIA É A INICIAÇÃO PARA A VIDA EM SOCIEDADE

- Acolhida do animador • Canto à escolha • Oração, p. 7

FAMÍLIA, LUGAR DE FORMAÇÃO

A › Todos ouvimos, em diferentes momentos de nossa vida, que a família é a célula básica da sociedade. Em outras palavras, o que se quer afirmar é que a sociedade está assentada sobre a estrutura da família, e quanto melhor está a família, melhor está a sociedade.

T › *"A família, patrimônio da humanidade, constitui um dos tesouros mais valiosos. Ela é lugar e escola de comunhão, fonte de valores humanos e cívicos, lar onde a vida humana nasce e é acolhida generosa e responsavelmente"* (DA 302).

L1 › A sociedade precisa da família porque depende dela para alcançar os seus objetivos de justiça, fraternidade e paz. A família é como uma semente que germina e dá frutos na sociedade, nas mais diversas áreas, como na educação, na saúde, no bem-estar, na política, no lazer, na cultura, no meio ambiente etc. A sociedade que valoriza a família investe em si mesma e promove o seu bem.

T › *"O futuro da humanidade passa pela família! É, pois, indispensável e urgente que cada pessoa de boa vontade se empenhe em salvar e promover os valores e as exigências da família"* (FC 86; DSD 18).

L2 › São os pais que introduzem os seus filhos na vida social. Dão-lhes a educação familiar e os confiam a outros mestres, para que estes continuem o que eles começaram. Por maior importância que a educação fora do lar tenha, ela jamais terá a força e o valor daquela proporcionada pelos pais no âmbito da família.

(T) ▸ *"A importância da família para a vida e o bem-estar da sociedade acarreta uma responsabilidade particular desta no apoio e no fortalecimento do casamento e da família"* (Cat. 2210).

(L3) ▸ Se é verdade que a sociedade deve valorizar a família, também é verdade que a família deve ter consciência de sua vocação e missão para com a sociedade. Como fermento na massa, ela deve transformar a sociedade a partir dos valores do Evangelho.

(T) ▸ *"Enquanto comunidade educativa, a família deve ajudar a pessoa a discernir a própria vocação e a assumir o empenho necessário para uma maior justiça, formando-a desde o início para relações interpessoais ricas de justiça e de amor"* (FC 2).

(L1) ▸ Cabe aos pais apresentar os seus filhos à sociedade, e a sociedade a seus filhos. À medida que eles tiverem princípios firmes e valores estabelecidos, não se deixarão levar pela sociedade, mas, antes, atuarão nela como agentes da civilização do amor.

(T) ▸ *"Embora no meio das dificuldades da obra educativa, hoje muitas vezes agravada, os pais devem, com confiança e coragem, formar os filhos para os valores essenciais da vida humana"* (FC 37).

(A) ▸ Famílias que assumem o seu lugar na sociedade de forma responsável a enriquecem e colaboram para a sua instauração e realização.

(T) ▸ *"A família é a primeira escola das virtudes sociais de que a sociedade tem necessidade"* (FC 36).

- Canto (à escolha).

Partilhe sua experiência

De que forma os seus pais o/a educaram para a vida em sociedade? E como você está educando os seus filhos?

DEUS VAI FALAR! VAMOS ESCUTAR!

- Canto (à escolha) de acolhida da Palavra.
- O Leitor 2 proclama o texto do Evangelho de Mateus 5,13-16.

O CATECISMO DA IGREJA CATÓLICA DIZ...

(L3) ▸ ...que "a família é a célula originária da vida social. É a sociedade natural onde o homem e a mulher são chamados ao dom de si no amor e na vida. A autoridade, a estabilidade e a vida de relações dentro dela constituem seus fundamentos de liberdade, segurança e fraternidade. A família é a comunidade na qual, desde a infância, se podem assimilar os valores morais, em que se pode começar a honrar a Deus e a usar corretamente a liberdade".

(T) ▸ *"A vida em família é iniciação para a vida em sociedade"* (Cat. 2207).

CONVERSANDO A GENTE SE ENTENDE

1. Por que a família é tão importante para a sociedade?
2. Como os pais podem integrar os filhos à sociedade sem que eles percam os valores adquiridos na família?
3. "Famílias melhores produzem uma sociedade melhor." Comente.

CORAÇÕES AO ALTO!

- Preces espontâneas. Depois de cada uma, todos rezam: **Senhor, ensinai-nos a evangelizar a família e a sociedade.**

CONCLUSÃO

- *Comunicados*
- *Oração e bênção, p. 9*
- *Confraternização e despedida*

6º ROTEIRO

LOCAL: ....

DIA E HORÁRIO: ....

O PAI E A MÃE SÃO OS PRIMEIROS RESPONSÁVEIS PELA EDUCAÇÃO DOS FILHOS

• *Acolhida do animador* • *Canto à escolha* • *Oração, p. 7*

FAMÍLIA, LUGAR DE CATEQUESE

A ▸ Até há pouco tempo se afirmava que os filhos eram educados, por ordem de importância, pela família, pela Igreja, pela escola e pelo grupo de amigos. Ao que tudo indica, o mesmo não acontece hoje. Quem tem mais influência atualmente sobre a família e, portanto, sobre os filhos: A escola? A Igreja? Os meios de comunicação? Os amigos? Os pais? Os catequistas?

T ▸ *"É dever dos pais criar um ambiente de tal modo animado pelo amor e pela piedade para com Deus e para com as pessoas, que favoreça a completa educação pessoal e social dos filhos"* (FC 36).

L1 ▸ Ninguém substitui os pais na educação dos filhos, ou pelo menos não deveria substituir. A pressa é cada vez maior, fazendo com que os pais tenham pouco tempo para si e para a família. Com os pais ausentes, os filhos são "educados" pela realidade que os cerca, e que nem sempre se preocupa com o bem e a realização deles.

T ▸ *"As famílias cristãs devem oferecer aos filhos um modelo de vida fundado sobre os valores da verdade, da liberdade, da justiça e do amor"* (FC 48).

L2 ▸ É necessário lembrar, contudo, que, apesar da boa vontade e da disponibilidade, muitos pais, seja porque não tiveram uma vida normal em família, seja porque se deixaram abater pelas dificuldades do dia a dia, não conseguem ser os primeiros educadores e catequistas de seus filhos.

T ▸ "Em nosso país, parte importante da população é afetada por difíceis condições de vida que ameaçam diretamente a instituição familiar" (DA 432).

L3 ▸ Do momento da concepção até quando for possível, os pais devem acompanhar os seus filhos, educando-os por meio de palavras e pelo testemunho, sendo perseverantes nessa missão mesmo quando são ignorados, contestados ou rejeitados.

T ▸ "O ministério da evangelização e da catequese dos pais deve acompanhar também a vida dos filhos nos anos da adolescência e da juventude, quando estes, como muitas vezes acontece, contestam ou mesmo rejeitam a fé cristã recebida nos primeiros anos de vida" (FC 53).

L1 ▸ Diante de tantos apelos, especialmente da televisão e da internet, os pais são desafiados a orientar os seus filhos para uma sexualidade que leve em conta os ensinamentos da Sagrada Escritura e as orientações da Igreja.

T ▸ "A educação para o amor como dom de si constitui também a premissa indispensável para os pais, chamados a oferecer aos filhos uma clara e delicada educação sexual" (FC 37).

A ▸ É também em casa que os filhos aprendem o significado e o valor da oração, especialmente da Missa. Ao ver os seus pais rezando, os filhos têm a catequese mais importante de suas vidas.

T ▸ "Elemento fundamental e insubstituível da educação para a oração é o exemplo concreto, o testemunho vivo dos pais" (FC 60).

- Canto (à escolha).

PARTILHE A SUA EXPERIÊNCIA

Quais foram os mais importantes ensinamentos que você recebeu de seus pais, e que são essenciais em sua vida até hoje?

Deus vai falar! Vamos escutar!

- Canto (à escolha) de acolhida da Palavra.
- O Leitor 3 proclama o texto do Eclesiástico 30,1-13.

O Catecismo da Igreja Católica diz...

(L1) ▸ ... que "os pais são os primeiros responsáveis pela educação dos filhos. Dão testemunho dessa responsabilidade em primeiro lugar pela criação de um lar onde a ternura, o perdão, o respeito, a fidelidade e o serviço desinteressado são a regra. O lar é um lugar apropriado para a educação das virtudes. Essa requer a aprendizagem da abnegação, de um reto juízo, do domínio de si, condições de toda liberdade verdadeira".

(T) ▸ "Dar bom exemplo aos filhos é uma grave responsabilidade para os pais" (Cat. 2223).

Conversando a gente se entende

1. Por que os pais têm o compromisso de serem os primeiros educadores e catequistas de seus filhos?
2. Atualmente é fácil ou difícil educar os filhos? E por quê?
3. Quais são os ensinamentos que os pais de hoje não podem deixar de passar a seus filhos?

Coração ao alto!

- Preces espontâneas. Depois de cada uma, todos rezam: **Senhor, ensinai-nos a amar e a evangelizar os nossos filhos.**

Conclusão

- Comunicados
- Oração e bênção, p. 09
- Confraternização e despedida

LOCAL: ....
DIA E HORÁRIO: ....

7º ROTEIRO

O RESPEITO AOS PAIS ILUMINA TODO O AMBIENTE FAMILIAR

- Acolhida do animador • Canto à escolha • Oração, p. 7

FAMÍLIA, LUGAR DE RESPEITO

A ▸ A paternidade e a maternidade são uma bênção tanto para os pais como para os filhos. Cabe a estes descobrir a importância e o lugar que o pai e a mãe ocupam em suas vidas.

T ▸ *"As relações dentro da família acarretam uma afinidade de sentimentos, de afetos e de interesses, afinidade essa que provém sobretudo do respeito mútuo entre as pessoas"* (Cat. 2206).

L1 ▸ Nos corações dos filhos não pode faltar a gratidão por seus pais. Por mais que estes tenham apresentado limitações e falhas, ainda assim participam da obra criadora de Deus e, de alguma forma, encaminham os seus filhos para a vida social e religiosa.

T ▸ *"Os cristãos devem uma gratidão especial àqueles de quem receberam o dom da fé, a graça do batismo e a vida na Igreja. Pode tratar-se dos pais, de outros membros da família, dos avós, dos sacerdotes, dos catequistas, de professores ou amigos"* (Cat. 2220).

L2 ▸ Ao respeitar os seus pais, os filhos contribuem para o crescimento e o amadurecimento da família. Sendo uma comunidade de vida, pais e filhos convivem tendo como referência os direitos e as obrigações que lhe são próprias.

(T) ▸ *"Mediante o amor, o respeito, a obediência aos pais, os filhos dão a sua contribuição específica e insubstituível para a edificação de uma família autenticamente humana e cristã"* (FC 21).

(L3) ▸ Espera-se dos filhos que não apenas respeitem, mas também auxiliem a missão de seus pais, seja acolhendo sua autoridade, experiência e sabedoria, seja dialogando com eles quando não os entendem ou não conseguem conviver em comunhão com eles.

(T) ▸ *"Os filhos contribuem para o crescimento de seus pais em santidade. Todos e cada um se darão, generosamente, e sem cansarem, o perdão mútuo exigido pelas ofensas, as rixas, as injustiças e os abandonos"* (Cat. 2227).

(L1) ▸ Não são apenas as crianças que devem obediência e respeito a seus pais, mas também os adolescentes, os jovens e, inclusive, os adultos. Enquanto temos os nossos pais conosco, devemos tê-los como referência de vida, seja aprendendo com eles, seja apoiando-os integralmente.

(T) ▸ *"Quando crescerem, os filhos continuarão a respeitar seus pais. Devem antecipar-se aos desejos deles; solicitarão de bom grado seus conselhos e aceitarão suas justas admoestações"* (Cat. 2217).

(A) ▸ O quarto mandamento da lei de Deus ordena que honremos nossos pais, conscientes de que deles recebemos a vida, dom único e irrepetível. Os pais são a presença do Deus da Vida na existência de seus filhos.

(T) ▸ *"O respeito a esse mandamento alcança frutos espirituais, frutos temporais de paz e de prosperidade. Ao contrário, a não observância desse mandato acarreta grandes danos para as comunidades e para as pessoas humanas"* (Cat. 2200).

- Canto (à escolha).

PARTILHE A SUA EXPERIÊNCIA

Quais foram as maiores alegrias que os seus filhos lhe deram até hoje?

DEUS VAI FALAR! NÓS VAMOS ESCUTAR!

- Canto (à escolha) de acolhida da Palavra.
- O Leitor 1 proclama o texto de Efésios 6,1-4.

O CATECISMO DA IGREJA CATÓLICA DIZ...

(L2) ▸ ... que "a paternidade divina é a fonte da paternidade humana; é o fundamento da honra devida aos pais. O respeito dos filhos, menores ou adultos, pelo pai e pela mãe alimenta-se da afeição natural nascida do vínculo que os une, e é exigido pelo preceito divino" (Cat. 2214).

(T) ▸ *"O respeito filial se revela através da docilidade e da obediência verdadeiras"* (Cat. 2215).

CONVERSANDO A GENTE SE ENTENDE

1. Que forma de comportamento dos filhos prova que eles honram os seus pais?
2. Quando há harmonia entre pais e filhos, a família tem mais possibilidades de ser feliz? Por quê?
3. O que faz com que tantos filhos sejam ingratos com seus pais?

CORAÇÕES AO ALTO!

- *Preces espontâneas. Depois de cada uma, todos rezam:* **Senhor, ensinai-nos a amar os nossos pais.**

CONCLUSÃO

- *Comunicados*
- *Oração e bênção, p. 9*
- *Confraternização e despedida*

8º ROTEIRO

LOCAL: ....
DIA E HORÁRIO: ....

DEUS AMA NOSSAS FAMÍLIAS, APESAR DE TANTAS FERIDAS E DIVISÕES

• Acolhida do animador • Canto à escolha • Oração, p. 7

FAMÍLIA, LUGAR DE RESPEITO

A ▸ Só Deus é completo; portanto, é perfeito. Nós, humanos, somos limitados e pecadores. Buscamos a perfeição contando com o auxílio do Espírito Santo, mas sofremos as consequências pelo fato de sermos criaturas, e porque nossas infidelidades a Deus fazem com que percamos o sentido da vida. Com a família não é diferente: também ela tem as suas limitações e os seus pecados.

T ▸ *Muitas "famílias tornaram-se incertas e perdidas frente a seus deveres, ou, ainda mais, duvidosas e quase esquecidas do significado último e da verdade da vida conjugal e familiar"* (FC 1).

L1 ▸ Olhemos para tantas famílias empobrecidas, que vivem, ou melhor, sobrevivem, sem o mínimo de condições, à margem do chamado "progresso" e abandonadas à sua própria sorte.

T ▸ *Em muitos lares "faltam os meios fundamentais para a sobrevivência, como o alimento, o trabalho, a habitação, os medicamentos, como também as mais elementares liberdades"* (FC 6).

L2 ▸ Olhemos para as famílias em que os casais sofrem com a incapacidade de ter filhos, depois de sonharem e se prepararem para eles.

T ▸ *"A esterilidade física pode ser para os esposos ocasião de outros serviços importantes à vida da pessoa humana; por exemplo: a adoção, as várias formas de obras educativas, a ajuda a outras famílias, às crianças pobres ou deficientes"* (FC 14).

(L3) ▸ Olhemos para as famílias divididas, onde impera o egoísmo, o orgulho, a falta de perdão, a violência, a agressão, a solidão, o desamor.

(T) ▸ *"Cada família é sempre chamada pelo Deus da paz a fazer a experiência alegre e renovadora da reconciliação"* (FC 21).

(L1) ▸ Olhemos para as famílias em que todos ou alguns de seus membros abandonaram a Igreja, e passaram a viver afastados de Deus, distantes dos ensinamentos de Jesus.

(T) ▸ *Quando na família há alguém que se fecha à fé, "os familiares devem oferecer-lhe um testemunho de vida de fé que o estimule e encoraje no caminho para a plena adesão ao Cristo Salvador"* (FC 54).

(L2) ▸ Olhemos para as famílias onde há pessoas divorciadas, marcadas por conflitos conjugais e pelas consequências de separações onde prevalece o ódio, o desprezo, o abandono.

(T) ▸ *A comunidade deve solidarizar-se com os divorciados, "para que eles não se considerem separados da Igreja, podendo, ou melhor, devendo, enquanto batizados, participar da sua vida"* (FC 84).

(A) ▸ Olhemos para todas as famílias, especialmente para as nossas, com um olhar de esperança no Deus que, sendo Trindade, é a "Família das famílias".

(T) ▸ *"Deus ama nossas famílias, apesar de tantas feridas e divisões. A presença invocada de Cristo através da oração em família nos ajuda a superar os problemas, a curar as feridas, e abre caminhos de esperança"* (DA 119).

- *Canto (à escolha).*

PARTILHE A SUA EXPERIÊNCIA

Quais são as "feridas" que trazem mais dor e sofrimento à sua família?

Deus vai falar! Vamos escutar!

- *Canto (à escolha) de acolhida da Palavra.*
- *O Leitor 2 proclama o texto de Gálatas 5,13-26.*

Os Bispos do Brasil dizem...

(L3) ▸ ... que "carinho especial haverão de receber as famílias marcadas pela violência e outros males em suas mais diversas formas, como o alcoolismo, o machismo, o desemprego e, principalmente, as drogas, as balas perdidas, os assassinatos e os grupos de extermínio. É indispensável que se continue e mesmo se intensifique o trabalho de prevenção contra as drogas e o combate à sua difusão. Sejam estimulados grupos de apoio às famílias que perderam seus entes queridos em situações de aguda violência" (DGAE 135).

Conversando a gente se entende

1. Quais são os maiores perigos que rondam as famílias atualmente?
2. O que as famílias podem fazer para se preparar e se proteger dos males que as ameaçam?
3. Qual a importância do diálogo entre pais e filhos para que todos sejam fortes nas horas de maior dificuldade?

Corações ao alto!

- *Preces espontâneas. Depois de cada uma, todos rezam:*
  Senhor, ensinai-nos a superar nossas dificuldades e sofrimentos.

Conclusão

- *Comunicados*
- *Oração e bênção, p. 9*
- *Confraternização e despedida*

LOCAL: ....

DIA E HORÁRIO: ....

9º ROTEIRO

A FAMÍLIA CRISTÃ PODE E DEVE SER CHAMADA DE IGREJA DOMÉSTICA

• *Acolhida do animador* • *Canto à escolha* • *Oração, p. 7*

FAMÍLIA, LUGAR DE FÉ

A ▸ É comum ouvirmos dizer que a comunidade é a nossa "segunda família". De fato, assim como temos uma família em casa — a família de sangue —, também temos na comunidade uma outra família — a família na fé. Por isso, a Igreja, em seus ensinamentos, diz que em cada lar católico há uma "Igreja doméstica".

T ▸ *"O lar cristão é o lugar em que os filhos recebem o primeiro anúncio da fé. Por isso, o lar é chamado, com toda a razão, de Igreja doméstica, comunidade de graça e de oração, escola das virtudes humanas e da caridade cristã"* (Cat. 1666).

L1 ▸ Cada lar cristão deve equivaler a uma igreja, lugar onde Deus é cultuado e a justiça e o amor praticados. Para que isso aconteça, é necessário que os pais sejam "sacerdotes" para seus filhos, isto é, que celebrem com eles a alegria de descobrir-se filhos e filhas de Deus, amados pelo Pai, salvos pelo Filho e iluminados pelo Espírito.

T ▸ *"Por ser verdadeiramente Igreja doméstica, a família cristã é chamada a constituir o âmbito em que os pais transmitem a fé, devendo ser para seus filhos, com a palavra e com o exemplo, os primeiros anunciadores da fé"* (EA 46).

L2 ▸ No mundo secularizado em que vivemos, as instituições, de uma forma geral, fecham-se não só ao espiritual, mas ao sobrenatural, fazendo desse mundo a realidade última, excluindo Deus.

T ▸ Nos ambientes em que a religião é deixada de lado, "aquela que é chamada Igreja doméstica fica como único ambiente no qual crianças e jovens podem receber uma autêntica catequese" (FC 52).

L3 ▸ A família cristã é, por natureza e missão, o lugar ideal para a primeira e fundamental catequese. Os pais, como primeiros catequistas, transformam o lar numa "sala de catequese", seja pelo testemunho de vida, seja pela iniciação à fé, com o ensino das orações básicas, como o Sinal da Cruz, o Pai-Nosso, a Ave-Maria.

T ▸ "A família deve ser Igreja doméstica que acolhe, vive, celebra e anuncia a Palavra de Deus; é santuário onde se edifica a santidade e a partir de onde a Igreja e o mundo podem ser santificados" (DSD 214d; FC 55).

A ▸ Abertas ao mundo, as famílias cristãs são também chamadas a evangelizar as demais famílias, enriquecendo-as com os valores do Evangelho, a começar pela promoção da vida, pela perseverança na fidelidade, pela vivência da comunhão.

T ▸ "A Igreja doméstica é chamada a ser um sinal luminoso da presença de Cristo e do seu amor mesmo para os afastados, para as famílias que não creem e para aquelas que já não vivem em coerência com a fé recebida" (FC 54).

- Canto (à escolha).

Partilhe a sua experiência

O que você faz para que sua família seja verdadeira e autenticamente Igreja doméstica?

Deus vai falar! Vamos escutar!

- Canto (à escolha) de acolhida da Palavra.
- O Leitor 3 proclama o texto de Colossenses 3,15-21.

O Catecismo da Igreja Católica diz...

- **L1** ▸ ... que "é na família que se exerce de modo privilegiado o sacerdócio batismal do pai de família, da mãe, dos filhos, de todos os membros da família, 'na recepção dos sacramentos, na oração e ação de graças, no testemunho de uma vida santa, na abnegação e na caridade ativa'. O lar é, assim, a primeira escola de vida cristã e 'uma escola de enriquecimento humano'. É aí que se aprende a fadiga e a alegria do trabalho, o amor fraterno, o perdão generoso e mesmo reiterado, e sobretudo o culto divino pela oração e oferenda de sua vida".

- **T** ▸ *"É no seio da família que os pais são para os filhos, pela palavra e pelo exemplo, os primeiros mestres da fé"* (Cat. 1655 - 1656).

Conversando a gente se entende

1. Por que os pais de hoje ensinam tão pouco sobre Deus aos seus filhos?
2. Os meios de comunicação, especialmente a televisão e a internet, não têm tomado o lugar do diálogo e da catequese nas famílias?
3. São muitas as famílias que se dizem católicas, mas não ensinam aos seus filhos sequer que Deus existe e é Amor. O que as leva a se comportarem como se fossem pagãs?

Corações ao alto!

- *Preces espontâneas. Depois de cada uma delas, todos rezam:* **Senhor, ensinai-nos a viver como Igreja doméstica.**

Conclusão

- Comunicados
- Oração e bênção, p. 9
- Confraternização e despedida

10º ROTEIRO

Local: ....
Dia e horário: ....

QUE A FAMÍLIA DE NAZARÉ NOS ENSINE O QUE É A FAMÍLIA

• Acolhida do animador • Canto à escolha • Oração, p. 7

Família, lugar de convivência

A ➤ Aprendemos com Jesus, Maria e José — a Sagrada Família de Nazaré — a confiar em Deus, colocando-nos sob a sua proteção e sendo dele testemunha fiel.

T ➤ *"A família cristã é a primeira comunidade chamada a anunciar o Evangelho à pessoa humana em crescimento e a levá-la, através de uma catequese e educação progressiva, à plenitude da maturidade humana e cristã"* (FC 2).

L1 ➤ Aprendemos com a Sagrada Família de Nazaré que a fidelidade conjugal se inspira na fidelidade de Deus para com o seu povo.

T ➤ *"A comunhão de amor entre Deus e a humanidade, conteúdo fundamental da relação e da experiência de fé de Israel, encontra uma significativa expressão na aliança nupcial, que se instaura entre o homem e a mulher"* (FC 12).

L2 ➤ Aprendemos com a Sagrada Família de Nazaré o significado da santidade conjugal, pela convivência harmoniosa entre Maria e José.

T ➤ *"Todos os casais são chamados, segundo o plano de Deus, à santidade no matrimônio"* (FC 34).

L3 ➤ Aprendemos com a Sagrada Família de Nazaré que Jesus é a revelação máxima do Pai, e que nele temos a verdadeira vida.

T ➤ *"Jesus Cristo é a Nova Aliança; nele o matrimônio adquire sua verdadeira dimensão. Por sua encarnação e por sua* *vida em família, por Maria e José no lar de Nazaré, se constitui um modelo de toda família"* (DSD 213).

L1 ▸ Aprendemos com a Sagrada Família de Nazaré que a vida é sagrada, dom de Deus a ser acolhido, respeitado, cuidado e promovido.

T ▸ *A família "é serva da vida, já que o direito à vida é a base de todos os direitos humanos. Esse serviço não se reduz só à procriação; é antes auxílio eficaz para transmitir e educar os valores autenticamente humanos e cristãos"* (DSD 214b).

L2 ▸ Aprendemos com a Sagrada Família de Nazaré que pais e filhos encontram no amor o sentido para tudo o que fazem e são.

T ▸ *"O amor se expressa no diálogo e no respeito mútuo, no exercício do perdão e na solidariedade. Seu alimento deve ser a oração, a leitura e a escuta atenta da Palavra de Deus, e a participação na vida da Igreja"* (SCVF IV, 5).

A ▸ Aprendemos com a Sagrada Família de Nazaré a enfrentar e superar as desconfianças, as perseguições, as calúnias, as mentiras da sociedade.

T ▸ *"A família fundada no matrimônio deve ser cuidadosamente protegida e promovida como fator essencial de existência, estabilidade e paz social, em uma ampla visão de futuro do interesse comum da sociedade"* (FM 9).

- Canto (à escolha).

PARTILHE A SUA EXPERIÊNCIA

O que a sua família tem em comum com a Sagrada Família de Nazaré?

DEUS VAI FALAR! VAMOS ESCUTAR!

- Canto (à escolha) de acolhida da Palavra.
- O Leitor 1 proclama o texto do Evangelho de Lucas 2,41-52.

O Catecismo da Igreja Católica ensina...

L3 ▸ ... que "Nazaré é a escola na qual se começa a compreender a vida de Jesus: a escola do Evangelho. Primeiramente, uma lição de silêncio: que nasça em nós a estima do silêncio, essa admirável e indispensável condição de espírito. Uma lição de vida familiar: que Nazaré nos ensine o que é a família, sua comunhão de amor, sua beleza austera e simples, seu caráter sagrado e inviolável.

T ▸ *"Uma lição de trabalho: Nazaré é casa do Filho do Carpinteiro; é aqui que gostaríamos de compreender e celebrar a lei severa e redentora do trabalho humano"* (Paulo VI; Cat. 533).

Conversando a gente se entende

1. O que as famílias de hoje têm a aprender da Sagrada Família de Nazaré?
2. Como foram os dez encontros em que refletimos sobre a família? Que lições aprendemos?
3. Os nossos encontros foram bons e proveitosos? Vamos continuar nos reunindo para a oração, a reflexão, a convivência e a ação?

Corações ao alto!

- *Preces espontâneas. Depois de cada uma delas, todos rezam:* **Senhor, abençoai todas as famílias!**

Conclusão

- *Comunicados*
- *Oração e bênção, p. 9*
- *Confraternização e despedida*

CANTOS

1) ORAÇÃO PELA FAMÍLIA

1. Que nenhuma família comece em qualquer de repente. / Que nenhuma família termine por falta de amor. / Que o casal seja um para o outro de corpo e de mente. / E que nada no mundo separe um casal sonhador!

2. Que nenhuma família se abrigue debaixo da ponte. / Que ninguém interfira no lar e na vida dos dois. / Que ninguém os obrigue a viver sem nenhum horizonte. / Que eles vivam do ontem, do hoje, e em função de um depois!

Que a família comece e termine sabendo aonde vai / e que o homem carregue nos ombros a graça de um pai. / Que a mulher seja um céu de ternura, aconchego e calor / e que os filhos conheçam a força que brota do amor.

Abençoa, Senhor, as famílias! Amém!
Abençoa, Senhor, a minha também. (bis)

3. Que marido e mulher tenham força de amar sem medida. / Que ninguém vá dormir sem pedir ou sem dar seu perdão. / Que as crianças aprendam, no colo, o sentido da vida./ Que a família celebre a partilha do abraço e do pão.

4. Que marido e mulher não se traiam, nem traiam seus filhos. / Que o ciúme não mate a certeza do amor entre os dois. / Que no seu firmamento a estrela que tem maior brilho / Seja a firme esperança de um céu aqui mesmo e depois.

Que a família comece e termine sabendo aonde vai / e que o homem carregue nos ombros a graça de um pai. / Que a mulher seja um céu de ternura, aconchego e calor / e que os filhos conheçam a força que brota do amor!

Abençoa, Senhor, as famílias! Amém!
Abençoa, Senhor, a minha também. (bis)

2 SAGRADA FAMÍLIA

Olhando a Sagrada Família, / Jesus, Maria e José, / Saibamos fazer a partilha / dos gestos de amor e de fé.

1. Maria, mãe santa e esposa exemplar, / José, pai zeloso voltado a seu lar, / Jesus, filho amado em missão de salvar, / Caminhos distintos, num só caminhar.

2. Maria, do sim e do amor doação, / José, operário a serviço do pão, / Jesus, ocupado com sua missão: / três vidas distintas, num só coração.

3. Se todas as mães em Maria se acharem / E todos os pais em José se espelharem, / Se todos os filhos em Cristo se olharem / Serão mais família, quanto mais se amarem.

3 É BOM TER FAMÍLIA

1. É no campo da vida que se esconde um tesouro. / Vale mais que o ouro, mais que a prata que brilha. / É presente de Deus, é o céu já aqui. / O amor mora ali e se chama família.

   Como é bom ter a minha família, como é bom! / Vale a pena vender tudo o mais para poder comprar / Esse campo que esconde um tesouro, que é puro dom, / é meu ouro, meu céu, minha paz, minha vida, meu lar.

2. Até mesmo o céu desejou ser família / para que a família desejasse ser céu. / Nela se faz a paz no ouvir, no falar, / e na arte de amar; o amargor vira mel.

3. Na família a mentira não se dá com a verdade, / e a fidelidade sabe o peso da cruz, / porque lá há amor, há renúncia e perdão, / há também oração e o chefe é Jesus.

4. Surgem falsos brilhantes enganando a família, / tão sutil armadilha de um doce sabor. / A riqueza maior é Deus na presença, / na saúde ou doença, na alegria e na dor.

4) MARIA DE NAZARÉ

Maria de Nazaré, Maria me cativou. / Fez mais forte a minha fé, / e por filho me adotou. / Às vezes eu paro e fico a pensar. / E sem perceber, me vejo a rezar / e meu coração se põe a cantar / pra Virgem de Nazaré. / Menina que Deus amou e escolheu / pra mãe de Jesus, o Filho de Deus. / Maria que o povo inteiro elegeu / senhora e Mãe do Céu.

Ave-Maria (3X), Mãe de Jesus!

Maria que eu quero bem, Maria do puro amor. / Igual a você, ninguém. / Mãe pura do meu Senhor / em cada mulher que a terra criou / um traço de Deus Maria deixou. / Um sonho de Mãe Maria plantou / pro mundo encontrar a paz. / Maria que fez o Cristo falar, / Maria que fez Jesus caminhar. / Maria que só viveu pra seu Deus, / Maria do povo meu.

5) PELAS ESTRADAS DA VIDA

Pelas estradas da vida, nunca sozinho estás. / Contigo pelo caminho, Santa Maria vai.

Ó vem conosco, vem caminhar, Santa Maria vem. / Ó vem conosco, vem caminhar, Santa Maria vem. (2x)

1. Se pelo mundo os homens, sem conhecer-se, vão, / não negues nunca a tua mão / a quem te encontrar.
2. Mesmo que digam os homens: / tu nada podes mudar, / luta por um mundo novo / de unidade e paz. /
3. Se parecer tua vida inútil caminhar, / lembra que abres caminho, / outros te seguirão.

Siglas e Abreviações

AA	*Apostolicam actuositatem* / Vaticano II
ADS	*Arcanum Divinae Sapientiae* / Leão XIII
CA	*Centesimus Annus* / João Paulo II
Cat.	Catecismo da Igreja Católica / Santa Sé
CC	*Casti Connubii* / Pio XI
CELAM	Conselho Episcopal Latino-Americano
CNBB	Conferência Nacional dos Bispos do Brasil
DA	Documento de Aparecida / CELAM
DCE	*Deus Caritas Est* / Bento XVI
DM	*Divis in Misericordia* / João Paulo II
DSD	Documento de Santo Domingo / CELAM
EA	*Ecclesia in America* / João Paulo II
EN	*Evangelii Nuntiandi* / Paulo VI
EV	*Evangelium Vitae* / João Paulo II
FC	*Familiaris Consortio* / João Paulo II
FM	Família, Matrimônio e "Uniões de Fato"
GS	*Gaudium et Spes* / Vaticano II
HV	*Humanae Vitae* / Paulo VI
LG	*Lumen Gentium* / Vaticano II
PCF	Pontifício Conselho para a Família
RH	*Redemptor Hominis* / João Paulo II
SCVF	Sou católico, vivo minha fé / CNBB
SS	*Spe Salvi* / Bento XVI

Sumário

Dicas para a realização dos encontros 06

Oração de abertura dos encontros
Ensinai-nos, Senhor! 07

Oração de conclusão dos encontros
Ensinai-nos, Senhor! 09

1º Roteiro   O amor humano encontra sua plenitude no amor divino 11

2º Roteiro   Um homem e uma mulher unidos em casamento formam com seus filhos uma família 14

3º Roteiro   Esposo e esposa se doam definitiva e totalmente um ao outro 17

4º Roteiro   Só Deus é o dono da vida, do começo ao fim 20

5º Roteiro   A vida em família é a iniciação para a vida em sociedade 23

6º Roteiro   O pai e a mãe são os primeiros responsáveis pela educação dos filhos 26

7º Roteiro   O respeito aos pais ilumina todo o ambiente familiar 29

8º Roteiro   Deus ama nossas famílias, apesar de tantas feridas e divisões 32

9º Roteiro   A família cristã pode e deve ser chamada de Igreja doméstica 35

10º Roteiro   Que a família de Nazaré nos ensine o que é a família 38

Cantos 41

Siglas e abreviações 44